물 아저씨 과학 그림책 특별판

물 아저씨와 건강한 먹거리

2020년 10월30일 1판1쇄 발행 | 2025년 5월1일 1판12쇄 발행

글그림 | 아고스티노 트라이니   옮김 | U&J
펴낸이 | 나성훈   펴낸곳 | (주)예림당   등록 | 제2013-000041호
주소 | 서울시 성동구 아차산로 153   홈페이지 | www.yearim.kr
책 내용 문의 전화 | 3404-9271   구매 문의 전화 | 561-9007   팩스 | 562-9007

책임개발 | 박효정 / 최방울   디자인 | 이정애
제작 | 신상덕 / 박경식   콘텐츠제휴 | 문하영
마케팅 | 임상호 전훈승

ISBN 978-89-302-6786-1 74400
ISBN 978-89-302-6857-8 74400(세트)

이 책의 한국어판 저작권은 (주)예림당과 Atlantyca S.p.A.사와의 독점 계약으로 (주)예림당에 있습니다.
저작권법에 의해 한국 내에서 보호를 받는 저작물이므로 무단 전재와 복제를 금합니다.

Text and illustrations by Agostino Traini
©2015 Edizioni Piemme S.p.A.
©2018 Mondadori Libri S.p.A. for Piemme, Italy
©2020 for this book in Korean language – YeaRimDang Publishing Co., Ltd.
International Rights   Atlantyca S.p.A. via Leopardi, 8 – 20123 Milan, Italy~ foreignrights@atlantyca.it
www.atlantyca.com
Original Title : CHE BUONO, SIGNOR ACQUA!
Translation by: 물 아저씨와 건강한 먹거리

No part of this book may be stored, reproduced or transmitted in any form or by any means, electronic
or mechanical, including photocopying, recording, or by any information storage and retrieval system,
without written permission from the copyright holder. For information address Atlantyca S.p.A.

어린이제품 안전특별법에 의한 제품 표시사항

제품명 | 도서   제조자명 | (주)예림당   제조국명 | 대한민국   전화번호 | 02)566-1004
주소 | 서울시 성동구 아차산로 153   제조년월 | 발행일 참조   사용연령 | 8세 이상

*잘못 만들어진 책은 구입하신 곳에서 바꾸어 드립니다.

물 아저씨 과학 그림책 특별판

물 아저씨와 건강한 먹거리

글·그림 아고스티노 트라이니

아고와 피노는 슈퍼마켓에 장을 보러 갔어요.
물 아저씨는 바퀴가 달린 양동이를 타고 함께 따라갔지요.
진열장에는 먹을 것이 가득하고, 할인 상품은 그냥 지나칠 수가 없어요.
잠깐 둘러보기만 했는데 카트가 순식간에 가득 찼어요.

"과자랑 오렌지 주스를 샀어."
"딸기 사는 거 잊지 마!"
그런데 갑자기 물 아저씨가 화를 냈어요.
"그만 사! 이런 식으로 장을 봐서는 안 돼! 날 따라와. 너희에게 가르쳐 줄 게 있어."

밖에는 음식물로 가득 찬 쓰레기통이 있었어요.
그런데 그 음식들은 아직 먹을 수 있을 만큼 상태가 좋았어요.
"음식을 너무 많이 사면, 다 먹을 수가 없어. 음식이 남아서 버리는 건 옳지 않아!"
물 아저씨가 힘주어 말했어요.

언덕 꼭대기에 벚나무 한 그루가 있어요.
나뭇잎이 몽땅 떨어져서 마치 잠든 것처럼 보여요.
"벚나무 아저씨, 우리에게 버찌 좀 주세요!"
"겨울에는 열매가 없단다. 봄에 다시 오렴!"
딸기밭도 휑하게 빈 채, 눈에 뒤덮여 있어요.

"음식이 무엇인지 알려면, 아주 먼 곳에서부터 시작해야 해."
물 아저씨는 아고와 피노를 카트에 태우고 하늘로 날아올랐어요.
우주에는 태양 빛을 받는 지구와 다른 행성들이 있어요.
"우주는 보이지 않는 힘으로 움직인단다.
완벽한 리듬을 따라 낮과 밤 그리고 계절이 바뀌는 거야."
해 아저씨가 말했어요.
"우리는 그 힘을 생명력이나 빛 혹은 에너지라고 불러."
별들이 속삭였어요.

지구를 떠나 놀라운 여행을 하는 동안 물 아저씨가 말했어요.
"그 힘은 별을 움직이고 계절을 만들어.
그리고 적절한 시기에 가장 적합한 장소에서 식물들을 자라나게 하지."

"우리가 과일을 먹을 때, 우주의 힘도 함께 먹는 거란다."
"아, 그래서 제철 음식을 먹어야 하는 거군요!"
피노가 고개를 끄덕였어요.

물 아저씨와 두 친구는 지구로 돌아와 시골길을 지나갔어요.
"자연은 정직해서 우리가 노력한 만큼 돌려준단다."
물 아저씨가 말했어요.

시골길에서 조금 벗어나니, 온실 속에 살구가 주렁주렁 달린 나무가 있는 게 보였어요.
나무에게 가짜 여름을 만들어 줄 수는 있지만, 우주의 힘은 채워 줄 수 없어요.
그래서 제철 과일처럼 과즙이 많고 영양가가 뛰어난 과일을 맺지 못한답니다.

"현명한 농부는 같은 땅에 똑같은 채소를 연달아 심지 않아.
그래야 땅이 피곤해하지 않고, 거칠어지지 않거든."
물 아저씨가 설명했어요.

"사람들이 모두 자연을 위하는 것은 아니야. 자연스럽게 얻는 것보다
더 많이 수확하는 방법을 택하는 사람도 있으니까."
저쪽에서 농부 한 명이 밭에 화학 비료를 뿌리고 있어요.
동물들은 견디지 못하고 밭에서 재빨리 도망쳤어요.

물 아저씨와 두 친구는 해변에 도착했어요.
어부가 작은 고깃배에서 그물을 끌어 올리고 있어요.
"우리 어부들은 바다를 지켜야 해. 그래서 물고기는 필요한 만큼만 잡는단다."
"맞아. 물고기를 마구 잡으면 바다가 텅 빌 수 있거든."
물 아저씨가 말했어요.

하지만 모두가 그렇게 생각하는 건 아니에요.
어떤 고기잡이배는 물고기를 잡을 수 있는 만큼 모조리 잡아가요.
크기가 작은 물고기만 바다로 되돌려 보내요.

푸른 바다를 지나자, 황금빛으로 물든 논이 펼쳐졌어요.
"곡식들이야! 곡식은 수천 년 동안 사람들에게 영양분을 공급해 주었지."
물 아저씨가 알려 주자, 아고와 피노가 소리쳤어요.
"네, 저도 알아요! 곡식으로 빵을 만들잖아요!"
"빵은 진짜 맛있어!"

아직 캄캄한 새벽, 세 친구는 은은한 빛이 새어 나오는 창문 앞을 지나갔어요.
안에서는 오래된 화덕 앞에서 제빵사들이 열심히 일하고 있었어요.
해가 뜨기 전에 빵을 구워야 하기 때문이에요.
"빵 굽는 제빵사는 아주 오래된 직업이야. 좋은 밀가루를 사용해 반죽하고,
천천히 발효시킨 뒤 정성껏 빵을 만들지. 맛있는 빵을 먹으려면 서둘러서는 안 돼."
물 아저씨가 설명했어요.

이번에는 물 아저씨가 아고와 피노를 빵 공장으로 데려갔어요.
"이곳에서는 빵의 질보다는 양을 더 중요하게 생각하기도 한단다.
그래서 빵의 성분표를 주의해서 읽어야 해."
물 아저씨가 당부했어요.

"그래서 시장과 가까운 곳에서 자란 농작물을 사는 게 좋아!"

아고와 피노는 채식주의자란 고기를 먹지 않기로 결심한 사람들이라는 것을 알게 되었어요.
"누구나 자기가 원하는 대로 먹을 자유가 있어.
동물에게 건강한 사료를 먹이고, 항상 존중하는 마음으로 길러야 해."

도로를 한참 달리니, 이번에는 높은 벽이 나타났어요.
좋지 않은 환경에서 동물 기르는 것을 숨기려고 쌓은 벽이에요.
동물이 뛰어다닐 만한 공간도 없고, 몸에 안 좋은 먹이를 먹여도 아무도 알 수가 없어요.
나쁜 먹이를 먹은 동물의 고기는 사람에게도 좋지 않아요!
"얘들아, 이제 어떤 식재료를 사야 하는지 알겠니?"
물 아저씨가 물었어요.

물 아저씨와 두 친구는 직접 장을 봐서,
렌틸콩과 조로 만든 수프를 아주 맛있게 먹었어요.
"직접 만든 건강한 음식을 먹는 게 좋아!"
"너무 많이 먹지도, 너무 적게 먹지도 말고요!"
"적당히, 그리고 맛있게 먹어야 해요!"

너에게 좋아!

다른 사람에게 좋아!

지구에게 좋아!

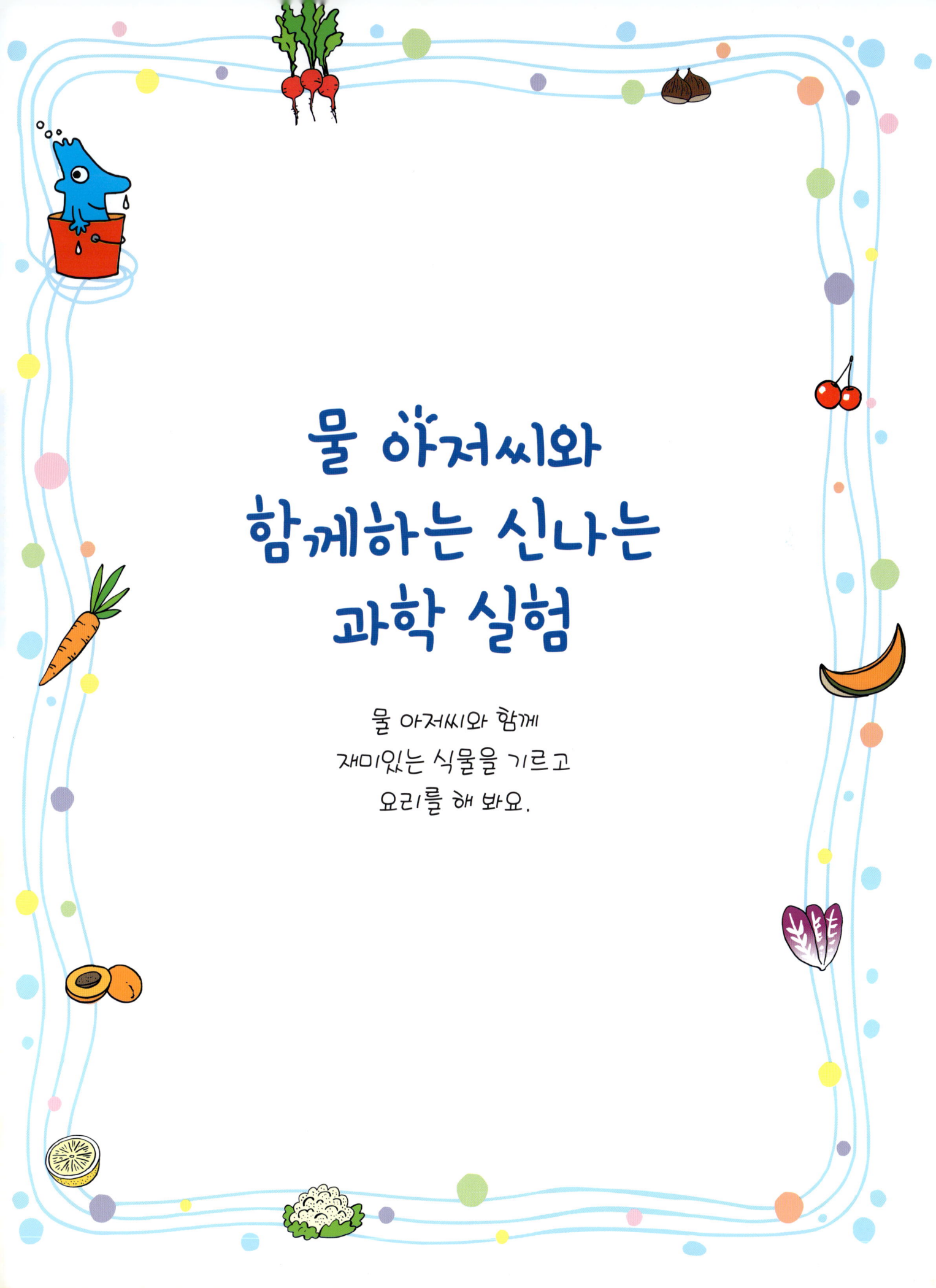

물 아저씨와 함께하는 신나는 과학 실험

물 아저씨와 함께
재미있는 식물을 기르고
요리를 해 봐요.

뿌린 대로 거두기!

준비물

화분 여러 개, 화분이 없으면 작은 플라스틱 컵, 유리병 등 흙을 채워 넣을 수 있는 용기면 다 좋아요.

난이도
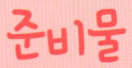

그리고 씨앗이 필요해요.

보리, 귀리, 밀, 민들레, 레몬, 사과, 대추야자, 호박, 강낭콩, 수박, 해바라기

또 뭐가 있을까?

우리 주변에는 씨앗이 많아서 쉽게 구할 수 있을 거예요.
과일을 먹을 때 과일 속에서 씨앗을 찾아봐요. 화단이나 들판에 핀 꽃 속에 숨은 꽃씨도 살펴봐요.
쌀이나 콩 같은 곡식의 낱알도 그냥 지나치지 말아요.
작은 씨앗 속에는 커다란 식물로 자라게 하는 비밀이 숨겨져 있답니다.

① 맛있는 사과, 과즙이 많은 오렌지, 달고 시원한 배를 먹고, 과일 속에서 씨앗을 찾아요.

② 흙을 가득 채운 화분에
씨앗을 심어요.

③ 흙이 젖도록 물을 충분히 주고,
화분을 볕이 잘 드는 곳에 두어요.

④ 참을성 있게 기다리면,
새싹이 쏘옥 올라올 거예요.
평소에 잘 몰랐던 여러 종류의
씨앗을 심어 봐요.
저마다 새싹이 올라오고,
다양한 꽃을 만나는
아름답고 놀라운 경험을
하게 될 거예요!

정성을 다해 키우다 보면
작은 씨앗이 자라 큰 줄기가 되는 걸 보고
입이 떡 벌어질 거예요!

나만의 샐러드 만들기!

초록빛이 풍성한 샐러드는 그 자체로 멋진 작품이에요. 게다가 샐러드는 재료에 따라 만드는 방법이 무궁무진하지요. 그러면 제가 좋아하는 샐러드를 함께 만들어 볼까요? 여러분도 이 샐러드를 좋아하길 바라요.
자, 채소는 항상 신선한 것으로, 이왕이면 유기농 채소를 준비해요.

준비물

난이도

 톱니형 칼
 소금
 양파

 양상추
 올리브오일
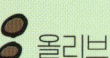 올리브
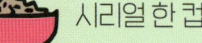 시리얼 한 컵

 방울토마토
 요구르트
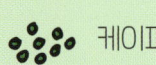 케이퍼

 완숙 계란
 레몬
 해바라기 씨
 당근

 오이
 참깨
 치즈

① 양상추를 한 장씩 떼어 내요.

② 양상추를 씻은 다음, 조심스럽게 물기를 탈탈 털어요.

아고스티노 트라이니는 누구일까요?

저는 1961년에 태어났어요. 어렸을 때는 몰랐어요.

커서 그림책을 만드는 사람이 될 줄 말이에요.

한 권의 책을 만들려면 먼저 좋은 생각이 떠올라야 해요.

보통은 재미있는 등장인물들이 머릿속에 떠올라요.

엉뚱한 상황들도요.

하지만 가끔은 아무 생각도 나지 않을 때가 있어요!

생각이 떠오르면 그림을 그리기 시작해요. 먼저 연필로 그린 다음, 검은색 잉크로 다시 그려요.

그런 다음, 모든 장면을 색칠해요. 붓과 물감을 쓰기도 하고

컴퓨터로 작업할 때도 있어요. 이 책은 컴퓨터로 만들었어요.

이 모든 작업이 끝나면 인쇄해서 책이 완성됩니다. 정말 행복한 순간이지요!

Agostino Traini

아래의 주소로 저에게 이메일을 보낼 수 있어요.
agostinotraini@gmail.com

과학 공부의 시작은 물 아저씨와 함께!
세상 곳곳의 신기한 과학 현상을 배우며
지적 호기심을 가득 채워 보세요!

❶ 물 아저씨는 변신쟁이
❷ 공기 아줌마는 바빠
❸ 해 아저씨는 밤이 궁금해
❹ 키다리 나무 아저씨의 비밀
❺ 계절은 돌고 돌아
❻ 물 아저씨와 감각 놀이
❼ 알록달록 색깔이 좋아
❽ 화산은 너무 급해
❾ 물 아저씨는 힘이 세
❿ 농장은 시끌벅적해
⓫ 바람 타고 세계 여행
⓬ 불 아저씨는 늘 배고파
⓭ 폭풍은 이제 그만
⓮ 물 아저씨와 몸속 탐험
⓯ 옛날에 공룡이 살았어
⓰ 파도가 철썩 지구가 들썩
⓱ 바다 괴물의 비밀

  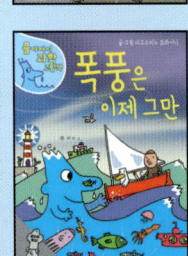 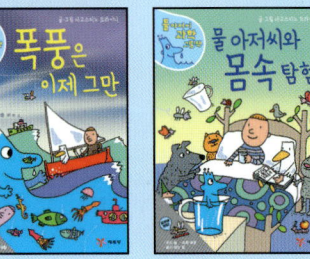 

 특별판

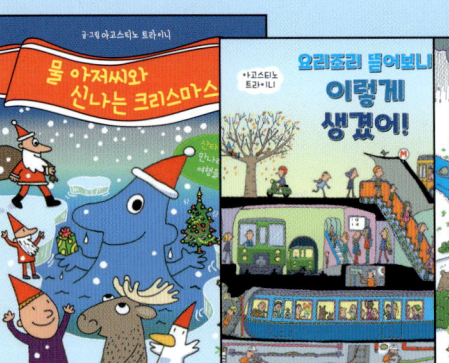
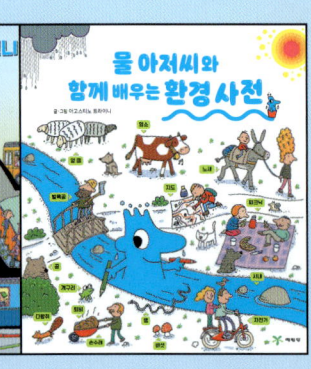

특별판
• 물 아저씨와 건강한 먹거리
• 물 아저씨와 신나는 크리스마스
• 요리조리 뜯어보니 이렇게 생겼어
• 물 아저씨와 함께 배우는 환경 사전